AF427913

Autor: Emerson Calejon
emersoncalejon@live.com

Resumo

A maior vingança contra um inimigo é ser diferente dele, mantendo o controle sobre a própria mente e percebendo a beleza da vida. É importante lembrar que as opiniões e perspectivas alheias não definem a verdade e que a felicidade verdadeira vem de atos livres e do autoconhecimento. Confinar-se no presente, valorizar a própria opinião e buscar a sabedoria são atitudes essenciais para uma vida plena. É preciso ser exigente consigo mesmo, viver de acordo com os valores da filosofia e dar importância às coisas que realmente importam. Importante também é evitar se preocupar com a opinião alheia e focar nos próprios atos. Cada um é um milagre de Deus e deve buscar a tranquilidade e a paz interior, ignorando as críticas vazias e sendo amigo de si mesmo.

O PODER DO

SILÊNCIO

Seja amigo de você mesmo

O Poder do Silêncio

Emerson Calejon

Published by Emerson Calejon, Sr, 2024.

O PODER DO SILÊNCIO

First edition. June 22, 2024.

ISBN: 979-8227175960

Written by Emerson Calejon.

Introdução

A melhor maneira de retribuir um inimigo é agindo de forma oposta. A felicidade dos prudentes vem de suas próprias escolhas autônomas, enquanto a alegria dos que buscam aprovação depende dos outros, e a satisfação dos que buscam prazer varia com circunstâncias incontroláveis. A meta não é seguir a multidão, mas evitar ser considerado ingênuo. Valorizar a própria opinião é essencial, assim como apreciar as bênçãos já recebidas. Indivíduos superiores são exigentes consigo mesmos, enquanto os ordinários são rigorosos com os outros. Permanecer íntegro, benevolente e autêntico é a chave para viver em paz. Se importar apenas com as próprias ações traz grande paz de espírito. Cada indivíduo é uma manifestação divina e seu valor está ligado ao que valoriza.

Capítulo 1

Explorando a Beleza da Vida

Apreciando as Pequenas Coisas

A vida é repleta de momentos preciosos que muitas vezes passam despercebidos em meio à correria do dia a dia. Apreciar as pequenas coisas é um convite à contemplação e à gratidão, uma oportunidade de reconhecer a beleza que nos cerca.

Valorizando Momentos Simples

Os momentos simples da vida são como pequenos tesouros que, quando apreciados, podem trazer uma sensação de plenitude e contentamento. Valorizar esses momentos é uma prática que nos conecta com o presente e nos permite desfrutar da simplicidade da existência.

Desfrutando a Natureza

A natureza oferece inúmeras oportunidades para apreciar a beleza e a grandiosidade do mundo ao nosso redor. As caminhadas ao ar livre, em meio a paisagens deslumbrantes, proporcionam momentos de paz e contemplação, permitindo-nos reconectar com a essência da vida.

Apreciando a Arte

A arte, seja ela visual, musical ou literária, tem o poder de nos transportar para universos paralelos, despertando emoções e reflexões profundas. As visitas a museus e galerias nos permitem mergulhar em expressões artísticas que enriquecem nossa alma e expandem nossa percepção de mundo.

Gratidão e Reconhecimento

A prática da gratidão diária e o reconhecimento das conquistas são atitudes que nos convidam a valorizar o que temos e a celebrar nossos feitos, fortalecendo nossa conexão com a beleza da vida e com o potencial de crescimento pessoal.

Praticando a Gratidão Diária

Exercitar a gratidão diariamente nos convida a direcionar nosso foco para as bênçãos presentes em nossa vida, mesmo nas situações mais desafiadoras. Através de exercícios de reflexão, podemos cultivar um coração grato e uma mente positiva, transformando nossa perspectiva diante das adversidades.

Reconhecendo Conquistas

Celebrar as vitórias, por menores que sejam, é uma forma de reconhecer nosso esforço e superação. Ao valorizar nossas conquistas, fortalecemos nossa autoconfiança e nutrimos uma atitude positiva em relação ao futuro, enxergando as possibilidades que se abrem diante de nós.

Teste Seu Conhecimento

Responda as perguntas a seguir para testar seu conhecimento sobre o capítulo "Explorando a Beleza da Vida".

1. O que significa apreciar as pequenas coisas na vida?
2. Por que é importante reconhecer nossas conquistas, por menores que sejam?
3. Como celebrar as vitórias pode influenciar nossa atitude em relação ao futuro?

Cultivando Relacionamentos Significativos

Os relacionamentos significativos são como tesouros afetivos que enriquecem nossa jornada. Cultivar conexões autênticas e fortalecer laços familiares e de amizade são práticas que nos permitem compartilhar experiências, receber apoio mútuo e vivenciar momentos de amor e cumplicidade.

Conexões Autênticas

Estabelecer conexões autênticas com outras pessoas é uma oportunidade de compartilhar experiências, sentimentos e pensamentos de forma genuína. Os diálogos profundos nos permitem estabelecer laços mais profundos e enriquecedores, nos conectando em um nível mais íntimo e verdadeiro.

Compartilhando Experiências

Os diálogos profundos nos convidam a compartilhar nossas vivências, desafios e alegrias, criando um espaço de escuta atenta e acolhedora. Ao nos abrirmos para o compartilhamento, fortalecemos os laços afetivos e construímos relações baseadas na empatia e na compreensão mútua.

Apoio Mútuo

Oferecer e receber apoio mútuo é uma expressão de solidariedade e compaixão, fundamentais para o fortalecimento dos relacionamentos. Os momentos de empatia nos conectam de forma genuína, criando laços de confiança e amizade que nos sustentam nos momentos de dificuldade.

Família e Amizade

Os laços familiares e as amizades verdadeiras são fontes de amor, acolhimento e pertencimento. Fortalecer esses vínculos é uma forma de nutrir o coração e a alma, criando espaços de afeto e segurança que nos permitem crescer e florescer em todas as áreas da vida.

Fortalecendo Vínculos Familiares

As tradições familiares e as reuniões são oportunidades de fortalecer os laços de amor e pertencimento, criando memórias afetivas que nos acompanharão ao longo da vida. O apoio mútuo e a presença nos momentos especiais fortalecem a união familiar e nutrem o espírito de comunidade.

Amizades Verdadeiras

As amizades verdadeiras são como bálsamos para a alma, oferecendo companheirismo, lealdade e apoio incondicional. Cultivar e preservar esses laços de amizade nos permite vivenciar a beleza da reciprocidade e da partilha, nutrindo nossa jornada com amor e cumplicidade.

Capítulo 2

O Controle da Mente

Entendendo a Natureza da Mente

A mente humana é um dos fenômenos mais complexos e fascinantes do universo. Ela é responsável por processar informações, armazenar memórias, gerar pensamentos e emoções, e influenciar o comportamento humano. Para compreender o controle da mente, é essencial explorar a interação entre a consciência e o subconsciente.

Consciência e Subconsciente

A consciência representa a percepção imediata e a capacidade de estar ciente do ambiente e de si mesmo. Ela nos permite vivenciar a realidade, tomar decisões conscientes e processar informações de forma racional. Por outro lado, o subconsciente opera abaixo do nível de consciência e desempenha um papel crucial na formação de hábitos, crenças e padrões de pensamento.

Funções e Interações

O subconsciente atua como um repositório de experiências passadas, influenciando as percepções e reações da consciência. As interações entre a consciência e o subconsciente moldam a maneira como interpretamos o mundo ao nosso redor e como respondemos a diferentes estímulos.

O Controle da Mente

Entendendo a Natureza da Mente

Consciência e Subconsciente

Funções e Interações

O subconsciente atua como um repositório de experiências passadas, influenciando as percepções e reações da consciência. As interações entre a consciência e o subconsciente moldam a maneira como interpretamos o mundo ao nosso redor e como respondemos a diferentes estímulos.

Teste Seu Conhecimento

Pensamentos e Emoções

Os pensamentos e emoções desempenham um papel fundamental na regulação do estado mental e emocional de um indivíduo. Os pensamentos podem desencadear emoções e, inversamente, as emoções podem influenciar a natureza dos pensamentos. Essa interação dinâmica entre pensamentos e emoções tem um impacto significativo no comportamento humano.

Influência no Comportamento

Os pensamentos e emoções podem moldar as ações e reações de uma pessoa. Pensamentos positivos e emoções saudáveis tendem a promover comportamentos construtivos, enquanto pensamentos negativos e emoções prejudiciais podem levar a respostas desfavoráveis. Compreender essa influência é essencial para o controle efetivo da mente.

Pense e Reflita

O Controle da Mente

Entendendo a Natureza da Mente

Pensamentos e Emoções

Influência no Comportamento

Os pensamentos e emoções podem moldar as ações e reações de uma pessoa. Pensamentos positivos e emoções saudáveis tendem a promover comportamentos construtivos, enquanto pensamentos negativos e emoções prejudiciais podem levar a respostas desfavoráveis. Compreender essa influência é essencial para o controle efetivo da mente.

Praticando a Atenção Plena

A atenção plena, ou mindfulness, é uma prática que envolve estar consciente e presente no momento atual, sem julgamento. Ela oferece uma maneira de direcionar a atenção para a experiência presente, permitindo uma maior consciência e clareza mental.

Exercícios de Mindfulness

Os exercícios de mindfulness são projetados para cultivar a capacidade de estar presente e consciente. Um exemplo comum é a prática da respiração consciente, que envolve focar a atenção na respiração, observando-a sem tentar modificá-la. Esse exercício ajuda a acalmar a mente e a desenvolver a habilidade de direcionar a atenção.

Respiração Consciente

A respiração consciente é uma prática fundamental de mindfulness. Ao prestar atenção à respiração, os praticantes podem se conectar com o momento presente, reduzir a ansiedade e promover um estado de calma e relaxamento.

Foco e Concentração

O desenvolvimento do foco e da concentração é essencial para o controle da mente. Técnicas de atenção, como a focalização da mente em um único objeto ou pensamento, podem fortalecer a capacidade de concentração e reduzir a distração mental.

Técnicas de Atenção

Diversas técnicas, como a meditação da vela, a observação de sons ou a concentração em um ponto focal, podem ser empregadas para aprimorar o foco e a concentração. Essas práticas ajudam a acalmar a mente e a aprimorar a capacidade de direcionar a atenção para um único ponto.

Gerenciando o Diálogo Interno

O diálogo interno refere-se aos pensamentos e conversas que ocorrem dentro da mente de uma pessoa. Gerenciar esse diálogo é fundamental para promover um estado mental saudável e positivo.

Autoconhecimento e Autocontrole

O autoconhecimento envolve a identificação e compreensão dos padrões de pensamento e comportamento de uma pessoa. Ao reconhecer esses padrões, é possível desenvolver estratégias para promover o autocontrole e a gestão eficaz do diálogo interno.

Identificação de Padrões

Identificar padrões de pensamento recorrentes, como autocrítica excessiva ou preocupações constantes, é o primeiro passo para gerenciar o diálogo interno. Ao reconhecer esses padrões, é possível trabalhar na reestruturação cognitiva e na promoção de pensamentos mais positivos.

Transformando Pensamentos Negativos

A reestruturação cognitiva é uma abordagem que visa transformar pensamentos negativos em pensamentos mais equilibrados e realistas. Essa prática envolve questionar e desafiar os pensamentos automáticos e distorcidos, substituindo-os por pensamentos mais construtivos e positivos.

Reestruturação Cognitiva

A reestruturação cognitiva pode ser realizada por meio de técnicas como a identificação de evidências que contradizem os pensamentos negativos, a busca por perspectivas alternativas e a prática da autocompaixão. Essas estratégias ajudam a promover um diálogo interno mais saudável e construtivo.

Capítulo 3
A Verdade Além das Opiniões
Compreendendo a Natureza das Opiniões

A compreensão da natureza das opiniões é essencial para a busca da verdade interior. As opiniões são moldadas pela subjetividade e relatividade de cada indivíduo, refletindo a diversidade de perspectivas presentes na sociedade. Cada pessoa enxerga o mundo a partir de suas próprias experiências, valores e crenças, o que contribui para a multiplicidade de opiniões existentes.

A influência cultural e social também exerce um papel significativo na formação das opiniões. As crenças são construídas a partir do ambiente em que cada um está inserido, sendo influenciadas por fatores como educação, tradições, mídia e interações sociais. Dessa forma, as opiniões refletem não apenas a individualidade, mas também a coletividade, evidenciando a complexidade da construção do pensamento humano.

Discernimento e Autenticidade

O desenvolvimento do senso crítico é fundamental para a análise reflexiva das opiniões. Capacitar-se a questionar, analisar e interpretar as informações recebidas é um passo crucial para a busca da verdade. O discernimento permite separar o que é meramente uma opinião daquilo que possui fundamentos sólidos, promovendo uma postura mais crítica e consciente diante das diversas perspectivas apresentadas.

Além disso, a expressão da verdade pessoal requer honestidade e integridade. Ser autêntico consigo mesmo e com os outros é essencial para a construção de relações baseadas na confiança e no respeito mútuo. A autenticidade na expressão das opiniões promove um ambiente de diálogo aberto e enriquecedor, onde as diferenças são valorizadas e as divergências são tratadas com respeito e empatia.

Respeito e Empatia

O respeito pela diversidade de opiniões é um pilar fundamental para a convivência harmoniosa em sociedade. A tolerância e a aceitação das diferentes perspectivas promovem um ambiente de diálogo saudável, onde o intercâmbio de ideias enriquece o entendimento mútuo. Valorizar a diversidade de opiniões é reconhecer a riqueza da pluralidade humana e a complexidade das experiências individuais.

Além disso, a prática da comunicação não violenta, aliada à escuta ativa e à empatia, é essencial para a construção de relações interpessoais saudáveis. A habilidade de ouvir atentamente, compreender as emoções e necessidades alheias, e expressar-se de forma clara e respeitosa, contribui para a promoção de um ambiente de diálogo construtivo e empático.

Capítulo 4
Atos Livres e Autoconhecimento
Explorando a Liberdade de Escolha
Autonomia e Responsabilidade

A liberdade de escolha é um dos pilares fundamentais da existência humana. A capacidade de tomar decisões conscientes e assumir a responsabilidade por essas escolhas é essencial para o crescimento pessoal e o desenvolvimento de uma vida significativa. Ao exercer a autonomia, cada indivíduo se torna o arquiteto de seu próprio destino, moldando ativamente o curso de sua vida.

Ao tomar decisões conscientes, estamos reconhecendo o poder que temos sobre nossas vidas. Isso implica considerar as possíveis consequências de nossas escolhas e agir de acordo com nossos valores e princípios. A autonomia nos permite direcionar nossas vidas de acordo com nossos próprios desejos e aspirações, assumindo a responsabilidade por cada passo dado.

Ação e Consequência

Cada ação que empreendemos na vida está intrinsecamente ligada a uma consequência. Ao refletir sobre os resultados de nossas ações, somos capazes de aprender e crescer. A consciência das consequências de nossos atos nos permite avaliar se estamos alinhados com nossos objetivos e valores, e nos dá a oportunidade de ajustar nosso curso, se necessário.

Refletir sobre as consequências de nossas ações nos ajuda a desenvolver a sabedoria necessária para tomar decisões mais alinhadas com nossos propósitos e aspirações. Essa consciência nos capacita a agir de forma mais intencional, considerando não apenas nossos desejos imediatos, mas também o impacto a longo prazo de nossas escolhas.

Leitura Adicional
Atos Livres e Autoconhecimento
Explorando a Liberdade de Escolha

Cada ação que empreendemos na vida está intrinsecamente ligada a uma consequência. Ao refletir sobre os resultados de nossas ações, somos capazes de aprender e crescer. A consciência das consequências de nossos atos nos permite avaliar se estamos alinhados com nossos objetivos e valores, e nos dá a oportunidade de ajustar nosso curso, se necessário.

Refletir sobre as consequências de nossas ações nos ajuda a desenvolver a sabedoria necessária para tomar decisões mais alinhadas com nossos propósitos e aspirações. Essa consciência nos capacita a agir de forma mais intencional, considerando não apenas nossos desejos imediatos, mas também o impacto a longo prazo de nossas escolhas.

Jornada de Autoconhecimento
Exploração de Habilidades e Talentos

A jornada de autoconhecimento é um processo contínuo de descoberta pessoal, no qual exploramos nossas habilidades, talentos e paixões. Ao nos dedicarmos a essa exploração, somos capazes de identificar nossas áreas de excelência e os campos nos quais desejamos nos desenvolver. Conhecer nossas habilidades e talentos nos permite direcionar nossos esforços de forma mais eficaz, buscando a realização pessoal e profissional.

Descobrir nossas habilidades e talentos também nos proporciona uma maior compreensão de quem somos, fortalecendo nossa autoconfiança e autoestima. Ao reconhecer nossas capacidades, somos capazes de nos posicionar de forma mais assertiva no mundo, contribuindo de maneira significativa para nossa própria vida e para a sociedade como um todo.

Identificação de Valores e Crenças

Alinhar nossas ações com nossos valores e crenças é essencial para viver uma vida autêntica e significativa. Ao identificar e refletir sobre nossos valores mais profundos, somos capazes de tomar decisões que estejam em harmonia com aquilo que consideramos importante e verdadeiro. Isso nos proporciona uma sensação de integridade e propósito, fundamentando nossas escolhas em uma base sólida e consistente.

Conhecer nossos valores e crenças também nos ajuda a estabelecer limites saudáveis e a tomar decisões alinhadas com nossos princípios éticos. Essa clareza interna nos guia na direção de uma vida mais autêntica, na qual nossas ações refletem quem realmente somos e no que acreditamos.

Equilíbrio e Bem-Estar
Cuidado com o Corpo e a Mente

O autocuidado é uma prática fundamental para o equilíbrio e bem-estar. Cuidar do corpo e da mente envolve atenção plena às nossas necessidades físicas, emocionais e mentais. Isso inclui a prática de exercícios físicos, a alimentação saudável, o descanso adequado, a busca por momentos de lazer e a atenção aos nossos estados emocionais.

Ao priorizarmos o autocuidado, estamos investindo em nossa qualidade de vida e em nossa capacidade de lidar com os desafios do dia a dia. O equilíbrio entre corpo e mente nos proporciona a base necessária para enfrentar as demandas da vida de forma mais resiliente e eficaz.

Harmonia nas Relações Interpessoais

As relações interpessoais desempenham um papel fundamental em nossa jornada de autoconhecimento e crescimento pessoal. Buscar o equilíbrio entre dar e receber, estabelecer limites saudáveis e cultivar relações baseadas na empatia e no respeito mútuo são aspectos essenciais para a construção de relacionamentos significativos e saudáveis.

A harmonia nas relações interpessoais contribui para nosso bem-estar emocional e social, fortalecendo nossa rede de apoio e promovendo um ambiente de crescimento mútuo. Ao nutrir relações saudáveis, estamos criando um espaço propício para o desenvolvimento pessoal e a expressão autêntica de quem somos.

Capítulo 5
Confinando-se no Presente
Praticando a Mindfulness
Atenção Plena no Momento Presente

A prática da mindfulness, ou atenção plena, envolve a capacidade de estar completamente presente no momento atual, sem se deixar levar por preocupações com o passado ou o futuro. Ao cultivar a atenção plena, somos capazes de vivenciar cada instante com uma consciência aguçada, percebendo os detalhes e as sensações que compõem a experiência presente.

Os exercícios de consciência plena podem incluir a prática da respiração consciente, onde nos concentramos na nossa respiração, observando-a sem tentar modificá-la. Essa prática nos ajuda a ancorar no presente, trazendo nossa atenção de volta para o momento atual sempre que nos vemos distraídos por pensamentos ou preocupações.

Aceitação e Não Julgamento

Além da atenção plena, a prática da mindfulness também envolve a aceitação e o não julgamento. Ao praticar a aceitação, aprendemos a acolher as experiências e emoções que surgem, sem resistência ou tentativa de modificá-las. Isso nos permite vivenciar a plenitude do momento presente, independentemente das circunstâncias.

O não julgamento nos convida a observar nossos pensamentos e emoções sem rotulá-los como bons ou ruins. Essa atitude de não julgamento nos liberta da tendência de nos identificarmos excessivamente com nossos pensamentos, permitindo uma maior liberdade e clareza mental.

Retrato Biográfico
Confinando-se no Presente
Praticando a Mindfulness
Aceitação e Não Julgamento

Além da atenção plena, a prática da mindfulness também envolve a aceitação e o não julgamento. Ao praticar a aceitação, aprendemos a acolher as experiências e emoções que surgem, sem resistência ou tentativa de modificá-las. Isso nos permite vivenciar a plenitude do momento presente, independentemente das circunstâncias.

O não julgamento nos convida a observar nossos pensamentos e emoções sem rotulá-los como bons ou ruins. Essa atitude de não julgamento nos liberta da tendência de nos identificarmos excessivamente com nossos pensamentos, permitindo uma maior liberdade e clareza mental.

Desenvolvendo a Presença

Conexão com a Realidade Atual

Desenvolver a presença envolve a capacidade de se conectar com a realidade atual, reconhecendo e apreciando as experiências sensoriais do momento presente. Isso inclui estar consciente das sensações corporais, das percepções visuais e auditivas, e das emoções que surgem a cada instante.

A percepção sensorial nos convida a estar plenamente presente em nosso corpo, observando as sensações físicas e as manifestações internas que ocorrem no momento presente. Essa conexão com o corpo nos ajuda a ancorar no aqui e agora, proporcionando uma sensação de enraizamento e estabilidade.

Presença nas Relações Interpessoais

Além de estar presente em relação a si mesmo, a prática da presença também se estende às interações interpessoais. Ao desenvolver a presença nas relações, cultivamos a habilidade de ouvir ativamente, demonstrando empatia e compreensão genuína em nossas interações com os outros.

A escuta ativa nos permite estar plenamente presentes durante as conversas, demonstrando interesse genuíno pelo que o outro tem a dizer. Essa prática fortalece os vínculos interpessoais, promovendo uma comunicação mais autêntica e significativa.

Capítulo 6
Valorizando a Própria Opinião
Autoconfiança e Autoestima

A autoconfiança e a autoestima são fundamentais para o desenvolvimento pessoal e a valorização da própria opinião. Reconhecer as próprias capacidades é o primeiro passo para fortalecer a autoaceitação e o empoderamento. Ao compreender e valorizar as habilidades individuais, é possível construir uma base sólida para a expressão autêntica e a tomada de decisões conscientes.

Reconhecimento das Próprias Capacidades

O reconhecimento das próprias capacidades envolve uma jornada de autoconhecimento e aceitação. É importante refletir sobre as habilidades, talentos e experiências que contribuem para a construção da identidade pessoal. Ao identificar e valorizar essas capacidades, é possível fortalecer a autoconfiança e a autoestima, promovendo um senso de segurança e equilíbrio emocional.

Autoaceitação e Empoderamento

A autoaceitação é um ato de amor próprio e compaixão consigo mesmo. Ao reconhecer as próprias capacidades e limitações, é possível cultivar um senso de empoderamento e autenticidade. A aceitação de quem se é, com todas as imperfeições e qualidades, é o alicerce para a construção de uma autoconfiança sólida e duradoura.

Leitura Adicional
Valorizando a Própria Opinião
Autoconfiança e Autoestima
Reconhecimento das Próprias Capacidades
Autoaceitação e Empoderamento

A autoaceitação é um ato de amor próprio e compaixão consigo mesmo. Ao reconhecer as próprias capacidades e limitações, é possível cultivar um senso de empoderamento e autenticidade. A aceitação de quem se é, com todas as imperfeições e qualidades, é o alicerce para a construção de uma autoconfiança sólida e duradoura.

Equilíbrio entre Aceitação e Melhoria

O equilíbrio entre aceitação e melhoria é essencial para o desenvolvimento pessoal e a valorização da própria opinião. Valorizar as experiências, inclusive os erros e desafios, é uma oportunidade de aprendizado e crescimento. Ao mesmo tempo, a busca por crescimento pessoal e desenvolvimento contínuo permite a expansão dos horizontes e a evolução constante da identidade individual.

Valorização das Experiências

Valorizar as experiências, sejam elas positivas ou desafiadoras, é um passo importante para o fortalecimento da autoconfiança e da autoestima. Cada experiência vivida traz consigo lições e oportunidades de aprendizado. Reconhecer e valorizar essas experiências é um ato de autocompaixão e respeito pela própria jornada de vida.

Aprendizado com os Erros

Os erros fazem parte do processo de crescimento e desenvolvimento pessoal. Ao invés de serem vistos como fracassos, os erros podem ser encarados como oportunidades de aprendizado e aprimoramento. Valorizar as lições extraídas dos erros é um sinal de maturidade e autoconhecimento, contribuindo para a construção de uma visão mais compassiva e realista de si mesmo.

Busca por Crescimento Pessoal

A busca por crescimento pessoal é um caminho de constante evolução e descoberta. Ao se comprometer com o desenvolvimento contínuo, é possível explorar novas habilidades, ampliar os horizontes e alcançar novos patamares de realização pessoal. Essa busca incessante pelo crescimento é um reflexo do respeito e valorização da própria opinião, pois demonstra a confiança na capacidade de se tornar a melhor versão de si mesmo.

Capítulo 7
Em Busca da Sabedoria
Explorando o Conhecimento
Aprendizado Contínuo e Curiosidade

A busca pela sabedoria começa com a disposição para o aprendizado contínuo e a curiosidade incessante. Ao explorar novos assuntos, expandimos nossos horizontes e enriquecemos nossa compreensão do mundo. A curiosidade nos impulsiona a buscar respostas, a questionar o status quo e a desafiar nossas próprias crenças.

É fundamental cultivar a mentalidade de aprendiz, mantendo-se aberto a novas ideias e perspectivas. Através da exploração de novos assuntos, podemos descobrir conexões inesperadas e insights que enriquecem nossa visão de mundo.

Análise Crítica e Pensamento Reflexivo

A sabedoria também é fruto da análise crítica e do pensamento reflexivo. Ao questionar e debater ideias, desenvolvemos a capacidade de discernir entre informações válidas e enganosas. Através do questionamento, somos desafiados a aprofundar nosso entendimento e a considerar diferentes pontos de vista.

O pensamento reflexivo nos permite avaliar nossas próprias crenças e ações, promovendo um constante processo de autoconhecimento. Ao refletir sobre nossas experiências e aprendizados, podemos extrair lições valiosas que nos guiam no caminho da sabedoria.

Pense e Reflita
Explorando o Conhecimento
Análise Crítica e Pensamento Reflexivo

A sabedoria também é fruto da análise crítica e do pensamento reflexivo. Ao questionar e debater ideias, desenvolvemos a capacidade de discernir entre informações válidas e enganosas. Através do questionamento, somos desafiados a aprofundar nosso entendimento e a considerar diferentes pontos de vista.

O pensamento reflexivo nos permite avaliar nossas próprias crenças e ações, promovendo um constante processo de autoconhecimento. Ao refletir sobre nossas experiências e aprendizados, podemos extrair lições valiosas que nos guiam no caminho da sabedoria.

Sabedoria Prática

Aplicação do Conhecimento na Vida Diária

A verdadeira sabedoria se manifesta na aplicação prática do conhecimento adquirido. Ao enfrentar problemas cotidianos, a sabedoria nos capacita a encontrar soluções criativas e eficazes. Através da integração do aprendizado na vida diária, transformamos teoria em ação, colhendo os frutos da nossa busca por conhecimento.

Resolver problemas cotidianos com sabedoria requer flexibilidade mental, capacidade de adaptação e uma abordagem holística. A sabedoria prática nos ajuda a lidar com desafios de forma ponderada, considerando as consequências de nossas decisões e aprimorando nossa capacidade de resolução de problemas.

Ética e Valores na Tomada de Decisões

Além da aplicação do conhecimento, a sabedoria se revela na consideração ética e nos valores que orientam nossas decisões. A integridade e a responsabilidade são pilares fundamentais da sabedoria prática, guiando nossas ações de acordo com princípios sólidos e respeito ao bem-estar coletivo.

Ao tomar decisões embasadas em valores éticos, contribuímos para a construção de um mundo mais justo e compassivo. A sabedoria prática nos desafia a agir com integridade, considerando não apenas as consequências imediatas, mas também o impacto a longo prazo das nossas escolhas.

Capítulo 8
Exigência Consigo Mesmo
Estabelecendo Metas Desafiadoras

Estabelecer metas desafiadoras é um passo fundamental no caminho do autodesenvolvimento. A definição de objetivos ambiciosos pode impulsionar a busca por realizações significativas e o crescimento pessoal. Ao estabelecer metas desafiadoras, é essencial realizar um planejamento estratégico que leve em consideração os recursos disponíveis, o tempo necessário e as etapas a serem cumpridas.

Quando definimos objetivos ambiciosos, estamos nos desafiando a ir além do que já alcançamos, a superar nossos limites e a expandir nossas habilidades. Essas metas nos motivam a sair da zona de conforto e a buscar novos horizontes, estimulando a criatividade, a inovação e a superação de obstáculos.

Definição de Objetivos Ambiciosos

A definição de objetivos ambiciosos requer uma análise cuidadosa de nossas aspirações e capacidades. É importante considerar o equilíbrio entre desafio e realismo, buscando metas que nos inspirem e, ao mesmo tempo, sejam alcançáveis com esforço e dedicação. Ao estabelecer objetivos ambiciosos, estamos nos comprometendo com um processo de crescimento e aprendizado contínuo.

Planejamento Estratégico

O planejamento estratégico é a chave para transformar objetivos ambiciosos em realizações concretas. Ao elaborar um plano estratégico, devemos identificar as etapas necessárias para alcançar nossas metas, estabelecer prazos realistas, alocar recursos adequados e antecipar possíveis desafios. Um planejamento bem estruturado nos permite visualizar o caminho a percorrer e nos orienta na tomada de decisões ao longo da jornada.

Leitura Adicional

Exigência Consigo Mesmo

Estabelecendo Metas Desafiadoras

Definição de Objetivos Ambiciosos

Planejamento Estratégico

O planejamento estratégico é a chave para transformar objetivos ambiciosos em realizações concretas. Ao elaborar um plano estratégico, devemos identificar as etapas necessárias para alcançar nossas metas, estabelecer prazos realistas, alocar recursos adequados e antecipar possíveis desafios. Um planejamento bem estruturado nos permite visualizar o caminho a percorrer e nos orienta na tomada de decisões ao longo da jornada.

Autodisciplina e Foco

A autodisciplina e o foco são habilidades essenciais para a concretização de metas desafiadoras. A capacidade de manter uma rotina organizada, gerenciar o tempo e as prioridades, assim como concentrar-se e eliminar distrações, são aspectos fundamentais para o sucesso na busca por objetivos ambiciosos.

Rotina e Organização

Uma rotina bem estruturada e a organização das atividades diárias são elementos que contribuem significativamente para a conquista de metas desafiadoras. A gestão eficaz do tempo e das prioridades nos permite direcionar nossos esforços para as tarefas mais relevantes, evitando dispersões e maximizando a produtividade.

Gestão do Tempo e Prioridades

A gestão do tempo e das prioridades envolve a identificação das atividades mais importantes e a alocação adequada de recursos, como tempo, energia e atenção, para cada uma delas. Estabelecer prioridades claras e adotar estratégias de organização pessoal são práticas que contribuem para a eficiência e o progresso em direção aos objetivos ambiciosos.

Concentração e Eliminação de Distrações

A capacidade de manter a mente atenta e focada é essencial para lidar com desafios e superar obstáculos no caminho em direção às metas estabelecidas. A eliminação de distrações, sejam elas externas ou internas, permite um maior nível de concentração e dedicação às atividades que nos aproximam do alcance dos objetivos ambiciosos.

Mente Atenta e Foco

Desenvolver uma mente atenta e focada requer práticas de concentração e técnicas para lidar com potenciais distrações. A capacidade de direcionar a atenção para as tarefas em andamento, mantendo o foco mesmo diante de estímulos externos, é um diferencial para a eficácia na busca por metas desafiadoras.

Capítulo 9
Vivendo os Valores da Filosofia
Ética e Moralidade

A ética e a moralidade desempenham um papel fundamental na filosofia, pois orientam as ações e decisões humanas em busca de um comportamento justo e correto. A prática dos princípios filosóficos na vida cotidiana envolve a aplicação dos ensinamentos éticos em situações reais, onde a reflexão e a ponderação são essenciais para a tomada de decisões conscientes.

Princípios Filosóficos na Prática

A aplicação dos ensinamentos filosóficos requer uma compreensão profunda dos princípios éticos e morais, bem como a capacidade de avaliar as consequências de nossas ações. Ao internalizar tais princípios, torna-se possível agir de acordo com valores elevados, promovendo a harmonia e a justiça no convívio social.

Aplicação dos Ensinamentos Filosóficos

Quando nos deparamos com dilemas éticos, a aplicação dos ensinamentos filosóficos nos orienta a considerar as diferentes perspectivas envolvidas, a fim de tomar decisões que respeitem a dignidade humana e promovam o bem-estar coletivo. A filosofia nos convida a agir de forma íntegra e compassiva, buscando sempre o equilíbrio entre nossos interesses pessoais e o impacto de nossas escolhas na sociedade.

Tomada de Decisões Éticas

A tomada de decisões éticas envolve a análise cuidadosa de dilemas morais e a escolha consciente de ações que estejam alinhadas com os valores fundamentais da humanidade. Ao confrontar situações éticas complexas, é essencial considerar não apenas as consequências imediatas, mas também os princípios universais que regem a conduta humana.

Dilemas Morais e Escolhas Conscientes

Os dilemas morais frequentemente exigem que ponderemos entre diferentes opções, levando em conta não apenas as questões individuais, mas também o impacto mais amplo de nossas decisões. A filosofia nos encoraja a enfrentar tais desafios com coragem e sabedoria, buscando sempre a promoção do bem comum e a preservação da dignidade de todos os envolvidos.

Fatos e Estatísticas Rápidos
Vivendo os Valores da Filosofia
Ética e Moralidade
Tomada de Decisões Éticas
Dilemas Morais e Escolhas Conscientes

Os dilemas morais frequentemente exigem que ponderemos entre diferentes opções, levando em conta não apenas as questões individuais, mas também o impacto mais amplo de nossas decisões. A filosofia nos encoraja a enfrentar tais desafios com coragem e sabedoria, buscando sempre a promoção do bem comum e a preservação da dignidade de todos os envolvidos.

Altruísmo e Empatia

O altruísmo e a empatia são valores essenciais na filosofia, pois promovem a compaixão, a solidariedade e o respeito mútuo. Ao praticar a compaixão e a solidariedade, somos capazes de ajudar o próximo e contribuir para a construção de uma sociedade mais justa e acolhedora.

Compaixão e Solidariedade

A compaixão nos impulsiona a reconhecer e aliviar o sofrimento alheio, demonstrando empatia e agindo de maneira a promover o bem-estar daqueles que estão ao nosso redor. A solidariedade, por sua vez, nos motiva a estender a mão a quem precisa, fortalecendo os laços de fraternidade e cooperação entre as pessoas.

Ajudando o Próximo

A prática do altruísmo se manifesta nas ações cotidianas, desde um gesto de gentileza até o engajamento em projetos sociais e voluntariado. Ao ajudar o próximo, contribuímos para a construção de uma comunidade mais unida e para o alívio das dificuldades enfrentadas por aqueles que atravessam momentos desafiadores.

Respeito e Tolerância

O respeito e a tolerância são pilares fundamentais para a convivência pacífica e respeitosa entre os indivíduos. A filosofia nos convida a reconhecer a diversidade humana e a valorizar as diferenças, promovendo um ambiente de diálogo e cooperação mútua.

Convivência Pacífica e Respeitosa

A convivência pacífica e respeitosa se fundamenta no reconhecimento da dignidade de cada ser humano, independentemente de suas crenças, origens ou características individuais. Ao cultivar o respeito e a tolerância, contribuímos para a construção de uma sociedade mais inclusiva e acolhedora, onde a diversidade é celebrada e os direitos de todos são preservados.

Capítulo 10
Importância das Coisas que Realmente Importam
Valorizando Relacionamentos

A vida é feita de relacionamentos significativos que nos conectam com o mundo ao nosso redor. A família e a amizade desempenham papéis essenciais em nossa jornada, proporcionando apoio, amor e compreensão. As conexões significativas que estabelecemos com as pessoas ao nosso redor enriquecem nossa existência e nos permitem compartilhar momentos preciosos.

Família e Amizade

A família e os amigos são pilares fundamentais em nossa vida. Através de laços de afeto e confiança, construímos relacionamentos que nos sustentam nos momentos difíceis e nos alegram nos momentos de celebração. Valorizar essas conexões significa cultivar um ambiente de amor, compreensão e aceitação mútua.

Conexões Significativas

Buscar conexões significativas implica em estabelecer laços autênticos, baseados na sinceridade, respeito e empatia. Ao nutrir relacionamentos genuínos, encontramos apoio emocional e compartilhamos experiências que enriquecem nossa jornada.

Amor Próprio e Autoestima

O cuidado consigo mesmo é uma parte essencial do processo de valorizar relacionamentos. Antes de podermos oferecer amor e apoio aos outros, precisamos cultivar o amor próprio e fortalecer nossa autoestima. Isso envolve práticas de autocuidado, autoaceitação e reconhecimento de nossa própria importância.

Cuidado Consigo Mesmo

O autocuidado abrange uma variedade de práticas que visam promover o bem-estar físico, emocional e mental. Ao dedicar tempo para cuidar de si mesmo, fortalecemos nossa capacidade de nutrir relacionamentos saudáveis e significativos.

Fatos e Estatísticas Rápidos

Valorizando Relacionamentos

Amor Próprio e Autoestima

Cuidado Consigo Mesmo

O autocuidado abrange uma variedade de práticas que visam promover o bem-estar físico, emocional e mental. Ao dedicar tempo para cuidar de si mesmo, fortalecemos nossa capacidade de nutrir relacionamentos saudáveis e significativos.

Apreciação do Momento Presente

A prática da gratidão e do contentamento nos convida a reconhecer e valorizar as pequenas alegrias que permeiam nosso dia a dia. Ao cultivar a consciência plena, somos capazes de desfrutar o momento presente com atenção e apreciação, encontrando significado nas experiências cotidianas.

Gratidão e Contentamento

Expressar gratidão pelas bênçãos que recebemos e encontrar contentamento nas situações simples da vida nos permite desenvolver uma perspectiva positiva e enriquecedora. A prática da gratidão nos conecta com a abundância que nos cerca, mesmo nos momentos mais desafiadores.

Desfrutando as Pequenas Alegrias

A vida está repleta de pequenas alegrias que muitas vezes passam despercebidas. Ao cultivar a capacidade de reconhecer e apreciar esses momentos, descobrimos uma fonte inesgotável de felicidade e satisfação no dia a dia.

Mindfulness e Consciência Plena

A prática da atenção plena nos convida a estar presentes no aqui e agora, cultivando uma consciência plena de nossas experiências e emoções. Ao direcionar nossa atenção para o momento presente, somos capazes de vivenciar a plenitude da vida em sua forma mais autêntica.

Atenção ao Aqui e Agora

A atenção plena nos permite mergulhar nas experiências do momento presente, sem julgamentos ou expectativas. Ao estar verdadeiramente presente, somos capazes de vivenciar a riqueza e a profundidade de cada instante, encontrando significado e propósito em nossa jornada.

Capítulo 11
Evitando Preocupações com a Opinião Alheia
Autoaceitação e Autoconfiança

A autoaceitação e a autoconfiança são fundamentais para a construção de uma identidade sólida e para a manutenção da paz interior. Valorizar a própria identidade envolve um processo de autoconhecimento e autenticidade, no qual a pessoa busca compreender suas características, valores e crenças de forma genuína. Ao se conhecer melhor, é possível desenvolver a autoaceitação, reconhecendo tanto as qualidades quanto as imperfeições, e cultivar a autenticidade, agindo de acordo com seus princípios e convicções.

Além disso, a segurança e a firmeza são aspectos que contribuem significativamente para a autoconfiança. Confiar em si mesmo, em suas capacidades e em suas escolhas, permite enfrentar desafios e lidar com as opiniões alheias de maneira mais equilibrada. A confiança em si mesmo é um pilar essencial para a construção de relacionamentos saudáveis e para a busca de realizações pessoais e profissionais.

Desapego das Críticas Vazias

O desapego das críticas vazias envolve o desenvolvimento da resiliência e do fortalecimento emocional. Superar julgamentos e comentários negativos demanda uma postura resiliente, que permite absorver as experiências adversas sem se deixar abalar. A resiliência é a capacidade de se adaptar às situações desafiadoras e de encontrar forças para seguir em frente, mesmo diante de críticas e julgamentos.

Além disso, manter o foco no crescimento pessoal é uma estratégia eficaz para lidar com as críticas vazias. Ao direcionar a atenção para o aprimoramento contínuo, a pessoa concentra suas energias em metas e objetivos construtivos, minimizando o impacto de opiniões negativas e priorizando seu desenvolvimento pessoal e profissional.

Capítulo 12

Focando nos Próprios Atos

Responsabilidade e Integridade

A responsabilidade e a integridade são pilares fundamentais para o desenvolvimento pessoal. Assumir as consequências de nossas ações é um sinal de maturidade e autoconhecimento. Ao reconhecermos nossos erros e aprender com eles, estamos fortalecendo nossa capacidade de crescimento e evolução.

Assumindo as Consequências

Assumir as consequências de nossas escolhas e ações é um ato de coragem e humildade. Quando reconhecemos que cometemos um erro, estamos abrindo espaço para o aprendizado e para a melhoria contínua. É importante compreender que errar faz parte do processo de evolução e que a forma como lidamos com esses erros é o que define nosso caráter.

Aprendizado com Erros

Cada erro cometido pode ser uma oportunidade de aprendizado. Ao refletirmos sobre as consequências de nossas ações, podemos identificar padrões de comportamento, crenças limitantes e áreas em que precisamos desenvolver maior consciência. O aprendizado com os erros nos permite crescer e nos tornar versões melhores de nós mesmos.

Honestidade e Transparência

A honestidade consigo mesmo e com os outros é essencial para viver com integridade. Ser transparente em nossas ações e comunicações demonstra respeito e confiança. Agir com integridade significa alinhar nossas palavras, pensamentos e ações, buscando sempre a coerência e a autenticidade em tudo o que fazemos.

Agir com Integridade

A integridade se manifesta na forma como nos relacionamos com o mundo ao nosso redor. Ao agir com integridade, estamos construindo uma base sólida para nossas interações e contribuindo para um ambiente mais ético e harmonioso. A honestidade e a transparência são valores que fortalecem nossos vínculos e nos permitem viver de acordo com nossos princípios.

Pense e Reflita
Responsabilidade e Integridade
Honestidade e Transparência
Agir com Integridade

A integridade se manifesta na forma como nos relacionamos com o mundo ao nosso redor. Ao agir com integridade, estamos construindo uma base sólida para nossas interações e contribuindo para um ambiente mais ético e harmonioso. A honestidade e a transparência são valores que fortalecem nossos vínculos e nos permitem viver de acordo com nossos princípios.

Propósito e Direcionamento

Ter um propósito claro e um direcionamento definido é essencial para alcançar nossos objetivos e realizar nossos sonhos. Ao estabelecer metas e objetivos, estamos traçando um caminho que nos guiará em direção ao que desejamos conquistar. A ação consciente e determinada nos permite avançar de forma consistente, superando desafios e obstáculos ao longo do caminho.

Definição de Metas e Objetivos

A definição de metas e objetivos claros nos proporciona um senso de direcionamento e foco. Ao estabelecermos metas específicas e mensuráveis, estamos criando um mapa que nos orientará em nossas jornadas. O planejamento e a execução cuidadosa são passos fundamentais para transformar nossos sonhos em realidade.

Planejamento e Execução

O planejamento detalhado e a execução consistente são elementos-chave para o alcance de nossas metas. Ao dividir nossos objetivos em etapas menores e criar um plano de ação, estamos organizando o caminho a ser percorrido e aumentando nossa eficiência na busca por nossos ideais. A disciplina e a persistência são aliadas indispensáveis nesse processo.

Ação Consciente e Determinada

A ação consciente e determinada é o que transforma nossos planos em resultados tangíveis. Ao mantermos o foco em nossos objetivos e persistirmos diante dos desafios, estamos demonstrando nossa resiliência e comprometimento. A clareza de propósito nos impulsiona a seguir em frente, mesmo diante das adversidades, e nos fortalece para superar as dificuldades que possam surgir.

Foco e Persistência

O foco e a persistência são qualidades que nos permitem superar obstáculos e alcançar nossos objetivos. Ao mantermos nossa atenção direcionada para o que é realmente importante e nos mantermos firmes em nossa jornada, estamos cultivando a resiliência e a determinação necessárias para concretizar nossos sonhos. A persistência é a chave que abre as portas para o sucesso.

Capítulo 13
Cada Um Como um Milagre de Deus
Valorização da Vida e da Existência

A vida é um presente precioso que nos foi concedido, e a gratidão por essa dádiva é fundamental para vivermos de forma plena. Apreciar a existência em sua totalidade, desde os momentos mais simples até as experiências mais marcantes, nos permite reconhecer a beleza e a singularidade de cada instante.

Gratidão pela Vida

A prática da gratidão diária nos conecta com a essência da vida e nos ajuda a valorizar cada respiração, cada batida do coração. Ao reconhecermos a importância de estarmos vivos, desenvolvemos uma perspectiva mais positiva e enriquecedora sobre o mundo ao nosso redor.

Apreciação da Existência

A apreciação da existência vai além do mero reconhecimento da vida. Envolve a profunda compreensão de que cada momento, cada experiência, é uma oportunidade única de crescimento e aprendizado. Ao cultivarmos a apreciação pela nossa própria existência, somos capazes de enxergar a beleza em todas as coisas, mesmo nas adversidades.

Autoestima e Autodescoberta

O reconhecimento da própria importância é essencial para o desenvolvimento da autoestima e autodescoberta. Cada indivíduo possui um valor intrínseco, e ao compreendermos e aceitarmos nossa singularidade, somos capazes de explorar todo o nosso potencial.

Reconhecimento da Própria Importância

Reconhecer a própria importância não significa buscar a grandiosidade ou a superioridade em relação aos outros, mas sim compreender que cada ser humano é único e possui contribuições significativas a oferecer ao mundo. Ao reconhecermos nossa importância, fortalecemos nossa autoestima e nos tornamos mais abertos às oportunidades de autodescoberta e crescimento pessoal.

Retrato Biográfico

Cada Um Como um Milagre de Deus

Valorização da Vida e da Existência

Autoestima e Autodescoberta

Reconhecimento da Própria Importância

Reconhecer a própria importância não significa buscar a grandiosidade ou a superioridade em relação aos outros, mas sim compreender que cada ser humano é único e possui contribuições significativas a oferecer ao mundo. Ao reconhecermos nossa importância, fortalecemos nossa autoestima e nos tornamos mais abertos às oportunidades de autodescoberta e crescimento pessoal.

Unicidade e Singularidade

A aceitação das diferenças e a valorização da diversidade são pilares fundamentais para a construção de uma sociedade mais inclusiva e empática. Cada indivíduo traz consigo uma bagagem única de experiências, talentos e habilidades, e é justamente essa diversidade que enriquece o tecido social e humano.

Aceitação das Diferenças

Ao aceitarmos as diferenças, abrimos espaço para a compreensão e o respeito mútuo. A diversidade nos desafia a enxergar o mundo por diferentes perspectivas, ampliando nossos horizontes e promovendo um ambiente mais inclusivo e acolhedor.

Respeito à Diversidade

O respeito à diversidade é a base para a construção de relações saudáveis e harmoniosas. Ao reconhecermos e valorizarmos as diferenças, fortalecemos os laços de empatia e solidariedade, promovendo um ambiente onde cada indivíduo se sente verdadeiramente acolhido e respeitado.

Potencial e Capacidade

Cada pessoa carrega consigo um potencial único, uma capacidade de contribuir de maneira singular para o mundo. Explorar e desenvolver esses talentos e habilidades não apenas enriquece a vida individual, mas também agrega valor à coletividade, promovendo um ambiente de crescimento e prosperidade para todos.

Explorando Talentos e Habilidades

A exploração e desenvolvimento dos talentos e habilidades individuais são essenciais para o florescimento pessoal e coletivo. Ao encorajar a expressão autêntica de cada indivíduo, criamos um ambiente onde a diversidade é celebrada e os potenciais são plenamente realizados, beneficiando a sociedade como um todo.

Capítulo 14

Em Busca da Tranquilidade e Paz Interior

Equilíbrio Emocional e Mental

O equilíbrio emocional e mental é essencial para a busca da tranquilidade e paz interior. O gerenciamento do estresse desempenha um papel fundamental nesse processo, e existem diversas técnicas de relaxamento que podem ser aplicadas para promover o equilíbrio emocional.

Gerenciamento do Estresse

O estresse é uma resposta natural do corpo a situações desafiadoras, mas quando se torna crônico, pode afetar negativamente a saúde mental e física. Portanto, é importante aprender a gerenciar o estresse de forma eficaz. Existem várias técnicas de relaxamento que podem ajudar a reduzir o estresse, tais como a prática de exercícios de respiração, a meditação, a yoga, a aromaterapia, entre outras.

Técnicas de Relaxamento

As técnicas de relaxamento são ferramentas poderosas para acalmar a mente e o corpo, promovendo a redução do estresse. A respiração profunda e consciente é uma das técnicas mais acessíveis e eficazes. Ao inspirar e expirar profundamente, é possível acalmar o sistema nervoso e reduzir a ansiedade. Além disso, a prática regular de exercícios físicos, como caminhadas, corridas, natação ou dança, também contribui significativamente para a redução do estresse e a promoção do equilíbrio emocional.

Clareza Mental e Serenidade

Além do gerenciamento do estresse, a busca pela tranquilidade e paz interior envolve o cultivo da clareza mental e serenidade. A prática de meditação é uma das formas mais eficazes de alcançar esse estado de equilíbrio emocional e mental.

Práticas de Meditação

A meditação é uma prática milenar que tem sido amplamente reconhecida por seus benefícios para a saúde mental e emocional. Através da meditação, é possível acalmar a mente, reduzir a ansiedade, promover a clareza mental e cultivar a serenidade interior. Existem diferentes técnicas de meditação, incluindo a meditação mindfulness, a meditação transcendental, a meditação guiada, entre outras. Cada pessoa pode encontrar a abordagem que melhor se adapta às suas necessidades e preferências.

Leitura Adicional
Em Busca da Tranquilidade e Paz Interior
Equilíbrio Emocional e Mental
Clareza Mental e Serenidade

A meditação é uma prática milenar que tem sido amplamente reconhecida por seus benefícios para a saúde mental e emocional. Através da meditação, é possível acalmar a mente, reduzir a ansiedade, promover a clareza mental e cultivar a serenidade interior. Existem diferentes técnicas de meditação, incluindo a meditação mindfulness, a meditação transcendental, a meditação guiada, entre outras. Cada pessoa pode encontrar a abordagem que melhor se adapta às suas necessidades e preferências.

Harmonia e Bem-Estar

Além das práticas de relaxamento e meditação, a busca pela tranquilidade e paz interior também envolve o cuidado com o corpo e a mente, bem como a criação de um ambiente e relacionamentos positivos que promovam o bem-estar.

Cuidado com o Corpo e a Mente

O cuidado com o corpo e a mente é fundamental para a manutenção do equilíbrio emocional e mental. Isso inclui a adoção de hábitos saudáveis, como uma alimentação equilibrada, a prática regular de exercícios físicos e a busca por momentos de relaxamento e lazer.

Alimentação Saudável e Exercícios Físicos

Uma alimentação saudável, rica em nutrientes e vitaminas, contribui para o bom funcionamento do corpo e da mente. Além disso, a prática regular de exercícios físicos, de acordo com as capacidades e preferências individuais, promove a liberação de endorfinas, hormônios responsáveis pela sensação de bem-estar, além de contribuir para a redução do estresse e a melhoria da qualidade do sono.

Ambiente e Relacionamentos Positivos

O ambiente em que vivemos e os relacionamentos que cultivamos têm um impacto significativo em nosso bem-estar emocional e mental.

Portanto, é importante criar espaços de paz e tranquilidade, tanto em casa quanto no trabalho, e cultivar relacionamentos positivos e enriquecedores.

Criação de Espaços de Paz

A criação de espaços de paz em casa, como um cantinho de meditação, um jardim ou um ambiente organizado e acolhedor, pode contribuir para a promoção da tranquilidade e serenidade. Além disso, a busca por relacionamentos saudáveis e positivos, baseados no respeito, na empatia e na troca de apoio mútuo, também é fundamental para o bem-estar emocional e mental.

Capítulo 15
Ignorando Críticas Vazias
Autoconfiança e Autoaceitação
Fortalecimento da Autoestima

A autoestima é a base para a confiança em si mesmo e a capacidade de ignorar críticas vazias. Fortalecer a autoestima envolve práticas de autocuidado que promovem o amor próprio e a valorização das próprias qualidades. É importante lembrar que a autoestima não se baseia na opinião alheia, mas sim na percepção que temos de nós mesmos.

Para fortalecer a autoestima, é fundamental dedicar tempo para atividades que tragam alegria e satisfação pessoal. Isso pode incluir hobbies, práticas de relaxamento, exercícios físicos, momentos de lazer e a busca por experiências que promovam o bem-estar emocional. Ao investir em autocuidado, estamos reafirmando nosso valor e construindo uma base sólida para lidar com críticas destrutivas.

Aceitação das Imperfeições

Ninguém é perfeito, e a aceitação das imperfeições é essencial para desenvolver uma autoconfiança saudável. Valorizar as qualidades pessoais e reconhecer que as falhas fazem parte do processo de crescimento é um passo significativo rumo à ignorância das críticas vazias. Ao aceitar nossas imperfeições, estamos nos libertando da pressão de corresponder a padrões inatingíveis e abrindo espaço para o autodesenvolvimento.

É importante lembrar que as imperfeições não diminuem o nosso valor como indivíduos. Cada falha, cada desafio superado e cada experiência vivida contribuem para a nossa jornada de crescimento. Ao aceitar as imperfeições, estamos nos permitindo ser humanos, com todas as nossas virtudes e limitações.

Citações Famosas

"O silêncio é um amigo que nunca trai." - Confúcio

"Aprenda a ser tranquilo e você verá que o mundo se abrirá diante de você." - Paramahansa Yogananda

"O silêncio é a linguagem da sabedoria." - Sócrates

Foco no Desenvolvimento Pessoal

Aprimoramento Contínuo

O foco no desenvolvimento pessoal é uma poderosa ferramenta para ignorar críticas vazias. Ao buscar constantemente o crescimento e a evolução, estamos direcionando nossa atenção para aspectos construtivos e positivos. Isso pode envolver a busca por novos conhecimentos, o aprimoramento de habilidades, a definição de metas desafiadoras e a exploração de novas oportunidades.

Quando estamos comprometidos com o nosso próprio desenvolvimento, as críticas externas perdem parte de seu impacto. Estamos mais focados em aprender com nossas experiências, em vez de nos deixar abalar por opiniões negativas. O aprimoramento contínuo nos fortalece e nos capacita a enfrentar os desafios com resiliência e determinação.

Resiliência e Determinação

A resiliência é a capacidade de superar adversidades e manter-se firme diante das dificuldades. Ao desenvolver a resiliência, estamos construindo uma armadura emocional que nos protege das críticas vazias e nos permite seguir em frente, mesmo diante de comentários negativos. A determinação, por sua vez, nos impulsiona a perseguir nossos objetivos, independentemente das opiniões alheias.

É importante cultivar a resiliência e a determinação por meio da prática da autocompaixão, do fortalecimento da autoconfiança e da busca por significado e propósito em nossas ações. Ao nos tornarmos mais resilientes e determinados, estamos construindo uma base sólida para enfrentar as críticas vazias com serenidade e confiança.

Capítulo 16
Sendo Amigo de Si Mesmo
Auto empatia e Compaixão
Cultivo da Autocompaixão

A autocompaixão é a prática de ser gentil e compreensivo consigo mesmo, especialmente em momentos de dificuldade ou sofrimento. Cultivar a autocompaixão envolve reconhecer a própria humanidade, aceitar as imperfeições e tratar-se com bondade, em vez de ser autocrítico ou duro consigo mesmo. Ao praticar a autocompaixão, é possível desenvolver uma maior resiliência emocional e lidar de forma mais saudável com os desafios da vida.

É importante lembrar que a autocompaixão não é o mesmo que autopiedade. Enquanto a autopiedade tende a reforçar a sensação de vitimização, a autocompaixão promove a capacidade de enfrentar as adversidades com compaixão e coragem. Ao praticar a autocompaixão, é possível fortalecer a capacidade de lidar com as dificuldades de forma construtiva e positiva.

Perdão e Aceitação

O perdão e a aceitação de si mesmo são aspectos fundamentais no processo de ser amigo de si mesmo. Perdoar-se por erros do passado e aceitar as próprias falhas e imperfeições são passos essenciais para cultivar um relacionamento saudável consigo mesmo. O perdão permite liberar o peso da culpa e do remorso, abrindo espaço para o crescimento pessoal e a transformação. Da mesma forma, a aceitação das próprias limitações e imperfeições é um ato de amor-próprio e compaixão, que promove a autoaceitação e a construção de uma autoimagem mais positiva.

Ao praticar o perdão e a aceitação, é possível criar um ambiente interno de compaixão e gentileza, promovendo o bem-estar emocional e psicológico. Esses aspectos são fundamentais para o desenvolvimento de uma relação saudável e amorosa consigo mesmo, contribuindo para a construção de uma autoestima sólida e equilibrada.

Teste Seu Conhecimento

O perdão e a aceitação de si mesmo são aspectos fundamentais no processo de ser amigo de si mesmo. Perdoar-se por erros do passado e aceitar as próprias falhas e imperfeições são passos essenciais para cultivar um relacionamento saudável consigo mesmo. O perdão permite liberar o peso da culpa e do remorso, abrindo espaço para o crescimento pessoal e a transformação. Da mesma forma, a aceitação das próprias limitações e imperfeições é um ato de amor-próprio e compaixão, que promove a autoaceitação e a construção de uma autoimagem mais positiva.

Ao praticar o perdão e a aceitação, é possível criar um ambiente interno de compaixão e gentileza, promovendo o bem-estar emocional e psicológico. Esses aspectos são fundamentais para o desenvolvimento de uma relação saudável e amorosa consigo mesmo, contribuindo para a construção de uma autoestima sólida e equilibrada.

Autoconhecimento e Autodesenvolvimento

Exploração da Identidade

O autoconhecimento é um processo contínuo de exploração da própria identidade, valores, crenças, talentos e paixões. Ao se dedicar à exploração da identidade, é possível descobrir aspectos profundos de si mesmo, compreender as motivações e desejos pessoais, e alinhar as ações com os valores fundamentais. A exploração da identidade também envolve a reflexão sobre as experiências passadas, a compreensão das influências externas e a busca por uma compreensão mais profunda do eu interior.

Esse processo de autoconhecimento pode ser facilitado por meio de práticas como a meditação, o diálogo interno reflexivo, a escrita terapêutica e a busca por novas experiências. Ao explorar a identidade, é possível fortalecer a conexão consigo mesmo e desenvolver uma maior clareza sobre a própria essência e propósito de vida.

Crescimento Pessoal e Autonomia

O autodesenvolvimento é o processo de crescimento pessoal e aprimoramento contínuo, que visa expandir as habilidades, competências e potenciais individuais. Ao buscar o autodesenvolvimento, é possível explorar novas áreas de interesse, adquirir novos conhecimentos, desenvolver habilidades práticas e emocionais, e expandir a consciência sobre si mesmo e o mundo ao redor. O autodesenvolvimento promove a autonomia e a capacidade de tomar decisões alinhadas com os valores e objetivos pessoais, contribuindo para uma vida mais significativa e realizada.

O crescimento pessoal também está relacionado à capacidade de superar desafios, lidar com a adversidade e adaptar-se a mudanças. Ao buscar o autodesenvolvimento, é possível fortalecer a resiliência, a determinação e a capacidade de enfrentar os desafios da vida com coragem e confiança. Esse processo de crescimento pessoal e autonomia é essencial para a construção de uma relação saudável e amorosa consigo mesmo, promovendo o bem-estar e a realização pessoal.

Capítulo 17
Acredite nos seus Sonhos
Visão e Planejamento

Acreditar nos seus sonhos começa com a definição clara de metas e objetivos. É importante estabelecer metas realistas que estejam alinhadas com a sua visão de futuro. Ao definir suas metas, leve em consideração seus valores, habilidades e paixões. Pergunte a si mesmo: O que eu realmente desejo alcançar? Como isso se encaixa na minha visão de vida ideal?

Além da definição de metas, a elaboração de planos de ação é essencial para transformar sonhos em realidade. Estratégias bem planejadas são como o mapa que guiará você em direção aos seus objetivos. Ao elaborar seus planos, divida as metas em etapas menores e identifique as ações específicas que precisam ser realizadas para alcançá-las.

Definição de Metas e Objetivos

Estabelecer metas realistas é fundamental para manter a motivação e a direção. Ao definir suas metas, leve em consideração o prazo, os recursos necessários e os possíveis obstáculos que podem surgir. Lembre-se de que as metas devem ser desafiadoras, mas alcançáveis, para que você se sinta inspirado a trabalhar na sua realização.

Uma abordagem eficaz para definir metas é utilizar a metodologia SMART: específicas, mensuráveis, alcançáveis, relevantes e com prazo determinado. Isso ajuda a garantir que suas metas sejam claras e bem definidas, facilitando o planejamento e a execução das ações necessárias.

Estabelecimento de Metas Realistas

Metas realistas são aquelas que estão alinhadas com suas habilidades, recursos disponíveis e prazo desejado para alcançá-las. Ao definir metas realistas, leve em consideração o equilíbrio entre desafio e viabilidade. Isso significa que suas metas devem representar um desafio significativo, mas também serem alcançáveis com esforço e dedicação.

Além disso, é importante considerar o impacto das metas em outras áreas da sua vida. Certifique-se de que perseguir uma meta específica não comprometerá outros aspectos importantes, como relacionamentos, saúde e bem-estar emocional.

Elaboração de Planos de Ação

Depois de definir suas metas, o próximo passo é elaborar planos de ação detalhados. Os planos de ação são o roteiro que o guiará na jornada em direção aos seus sonhos. Eles devem incluir etapas claras, prazos realistas e recursos necessários para a execução.

Uma abordagem eficaz para elaborar planos de ação é dividir suas metas em tarefas menores e atribuir prazos específicos a cada uma. Isso ajuda a tornar o processo mais gerenciável e permite que você acompanhe o progresso de forma mais eficaz.

Estratégias para Alcançar os Sonhos

Para alcançar seus sonhos, é essencial desenvolver estratégias eficazes que o ajudem a superar desafios e a manter o foco. Identifique as ações específicas que o levarão mais perto de suas metas e planeje como você as executará. Considere também a possibilidade de ajustar suas estratégias à medida que avança, para se adaptar a novas circunstâncias e oportunidades.

Fatos e Estatísticas Rápidos
Visão e Planejamento
Elaboração de Planos de Ação
Estratégias para Alcançar os Sonhos

Para alcançar seus sonhos, é essencial desenvolver estratégias eficazes que o ajudem a superar desafios e a manter o foco. Identifique as ações específicas que o levarão mais perto de suas metas e planeje como você as executará. Considere também a possibilidade de ajustar suas estratégias à medida que avança, para se adaptar a novas circunstâncias e oportunidades.

Persistência e Resiliência

A jornada para alcançar seus sonhos inevitavelmente envolverá desafios e obstáculos. A persistência e a resiliência são qualidades essenciais que o ajudarão a superar essas dificuldades e a manter o foco em seus objetivos. A capacidade de se adaptar a mudanças e de perseverar diante de contratempos é fundamental para transformar seus sonhos em realidade.

Além disso, a manutenção do foco é crucial para garantir que você permaneça comprometido com seus objetivos, mesmo quando enfrenta adversidades. Gerenciar distrações e manter a atenção nas tarefas prioritárias é fundamental para avançar em direção aos seus sonhos.

Superando Desafios

Os desafios fazem parte do caminho em direção aos seus sonhos. Ao enfrentar obstáculos, é importante adotar uma abordagem proativa e buscar soluções criativas. Aprender com os desafios e usar essas experiências como oportunidades de crescimento o ajudará a se tornar mais forte e mais preparado para os desafios futuros.

Além disso, buscar apoio e orientação de mentores, amigos ou profissionais experientes pode fornecer insights valiosos e encorajamento durante momentos difíceis.

Adaptação a Mudanças

A capacidade de se adaptar a mudanças é uma habilidade crucial para alcançar seus sonhos. Esteja aberto a ajustar seus planos e estratégias conforme necessário, à medida que novas circunstâncias surgem. A flexibilidade e a capacidade de se adaptar a mudanças inesperadas o ajudarão a superar obstáculos e a continuar avançando em direção aos seus objetivos.

Manutenção do Foco

Manter o foco é essencial para garantir que você permaneça comprometido com seus sonhos, apesar das distrações e dos desafios que possam surgir. Identificar as tarefas prioritárias e dedicar tempo e energia a elas é fundamental para avançar em direção aos seus objetivos. Além disso, estabelecer limites claros e gerenciar seu tempo de forma eficaz o ajudará a manter o foco nas atividades que o levarão mais perto de seus sonhos.

Praticar a atenção plena e cultivar hábitos que promovam a concentração, como a meditação e o exercício físico, também pode ajudar a manter o foco e a clareza mental ao perseguir seus objetivos.

Capítulo 18
O Poder do Silêncio
Silêncio Interior
Meditação e Reflexão

O silêncio interior é uma prática que nos permite encontrar paz e clareza mental. A meditação é uma ferramenta poderosa para alcançar esse estado de tranquilidade. Ao reservar um tempo para meditar, podemos acalmar a mente e nos conectar com nosso eu interior. Durante a meditação, concentramos nossa atenção na respiração, permitindo que os pensamentos fluam sem nos prendermos a eles. Essa prática nos ajuda a desenvolver a capacidade de observar nossos pensamentos sem nos deixarmos levar por eles, promovendo assim um estado de serenidade e equilíbrio.

A reflexão também desempenha um papel fundamental no cultivo do silêncio interior. Ao reservarmos momentos para refletir sobre nossas experiências, emoções e pensamentos, podemos ganhar insights valiosos sobre nós mesmos e sobre o mundo ao nosso redor. A reflexão nos permite compreender melhor nossas motivações, desejos e necessidades, contribuindo para o desenvolvimento de uma maior consciência de nós mesmos e do nosso entorno.

Equilíbrio Emocional

O silêncio interior também está intimamente ligado ao equilíbrio emocional. Ao cultivarmos momentos de silêncio e introspecção, somos capazes de gerenciar o estresse e as emoções de forma mais eficaz. O silêncio nos proporciona um espaço para acalmar a agitação emocional, permitindo-nos encontrar clareza e serenidade mesmo em meio a situações desafiadoras.

A prática regular do silêncio interior, por meio da meditação e da reflexão, nos ajuda a desenvolver uma maior resiliência emocional, tornando-nos mais capazes de lidar com as adversidades da vida. Ao encontrar momentos de silêncio, somos capazes de recarregar nossas energias e fortalecer nossa capacidade de enfrentar os desafios com calma e determinação.

Você Sabia?

O silêncio interior também está intimamente ligado ao equilíbrio emocional. Ao cultivarmos momentos de silêncio e introspecção, somos capazes de gerenciar o estresse e as emoções de forma mais eficaz. O silêncio nos proporciona um espaço para acalmar a agitação emocional, permitindo-nos encontrar clareza e serenidade mesmo em meio a situações desafiadoras.

A prática regular do silêncio interior, por meio da meditação e da reflexão, nos ajuda a desenvolver uma maior resiliência emocional, tornando-nos mais capazes de lidar com as adversidades da vida. Ao encontrar momentos de silêncio, somos capazes de recarregar nossas energias e fortalecer nossa capacidade de enfrentar os desafios com calma e determinação.

Comunicação Silenciosa
Linguagem Corporal e Expressão

A comunicação silenciosa vai além das palavras. Nossa linguagem corporal e expressão facial têm o poder de transmitir uma ampla gama de emoções e intenções sem a necessidade de falar. Ao cultivarmos uma maior consciência da nossa linguagem corporal, somos capazes de comunicar de forma mais autêntica e empática, estabelecendo conexões mais profundas com os outros.

Além disso, a expressão silenciosa nos permite compartilhar sentimentos e pensamentos de forma mais sutil e delicada. Através de gestos, olhares e posturas, podemos transmitir compaixão, amor, gratidão e muitas outras emoções, enriquecendo assim nossas interações interpessoais.

Escuta Ativa

A escuta ativa é uma forma de comunicação silenciosa que envolve dedicar total atenção ao que o outro está expressando, sem interrupções ou julgamentos. Ao praticarmos a escuta ativa, demonstramos respeito e empatia, permitindo que a outra pessoa se sinta verdadeiramente ouvida e compreendida.

Além disso, a escuta ativa nos oferece a oportunidade de aprender com as experiências e perspectivas dos outros, enriquecendo nosso próprio entendimento do mundo. Ao nos abrirmos para ouvir atentamente, fortalecemos nossos relacionamentos e promovemos um ambiente de confiança e colaboração mútua.

Capítulo 19
Reflexões Sobre o Livro

O capítulo 19: Reflexões Sobre o Livro, aborda o impacto pessoal e a relevância social da obra "O Poder do Silêncio: Apenas ouça a voz do seu coração". Ao longo deste capítulo, exploraremos as mudanças de perspectiva e a influência na comunidade, destacando a disseminação de valores e o fortalecimento de vínculos interpessoais.

Impacto Pessoal
Mudanças de Perspectiva

A leitura deste livro proporcionou aos leitores uma profunda reflexão sobre suas crenças e valores. Muitos relataram uma reavaliação de suas perspectivas em relação à vida, ao autoconhecimento e ao relacionamento com os outros. As histórias compartilhadas pelos leitores demonstram um impacto significativo na forma como enxergam o mundo ao seu redor.

As experiências narradas revelam que a obra estimulou uma análise mais profunda de questões existenciais, levando a uma maior compreensão de si mesmos e do papel que desempenham na sociedade. A capacidade de questionar e reformular crenças arraigadas foi um dos principais resultados observados nas reflexões dos leitores.

Aplicação Prática

Além das mudanças de perspectiva, muitos leitores expressaram a incorporação dos ensinamentos do livro em suas vidas diárias. A prática da atenção plena, a valorização das relações interpessoais e a busca pelo equilíbrio emocional foram aspectos frequentemente mencionados. A aplicação prática dos conceitos apresentados na obra gerou impactos positivos na rotina e no bem-estar dos leitores.

Os relatos evidenciam uma transformação real na forma como lidam com desafios, estresse e relacionamentos. A capacidade de aplicar os ensinamentos de forma tangível foi um dos aspectos mais destacados pelos leitores, demonstrando a relevância prática do conteúdo abordado.

Retrato Biográfico

Impacto Pessoal

Aplicação Prática

Além das mudanças de perspectiva, muitos leitores expressaram a incorporação dos ensinamentos do livro em suas vidas diárias. A prática da atenção plena, a valorização das relações interpessoais e a busca pelo equilíbrio emocional foram aspectos frequentemente mencionados. A aplicação prática dos conceitos apresentados na obra gerou impactos positivos na rotina e no bem-estar dos leitores.

Os relatos evidenciam uma transformação real na forma como lidam com desafios, estresse e relacionamentos. A capacidade de aplicar os ensinamentos de forma tangível foi um dos aspectos mais destacados pelos leitores, demonstrando a relevância prática do conteúdo abordado.

Relevância Social
Influência na Comunidade

A obra "O Poder do Silêncio: Apenas ouça a voz do seu coração" teve um impacto significativo na comunidade, influenciando a disseminação de valores fundamentais para o convívio humano. A promoção da empatia, da compaixão e do respeito mútuo foi observada em relatos de leitores que compartilharam experiências de transformação em seus círculos sociais.

Além disso, a conscientização sobre a importância do silêncio interior e da escuta ativa foi difundida em diferentes contextos, contribuindo para um ambiente mais harmonioso e acolhedor. A influência positiva na comunidade foi um dos resultados mais expressivos da leitura deste livro.

Construção de Relacionamentos

Outro aspecto relevante foi o fortalecimento de vínculos interpessoais a partir das reflexões proporcionadas pela obra. Muitos leitores destacaram a melhoria na qualidade de suas relações, a partir da aplicação dos princípios apresentados no livro. A comunicação mais empática, a valorização da escuta ativa e a busca por uma convivência mais respeitosa foram evidenciadas nos relatos compartilhados.

Essas mudanças nas relações interpessoais contribuíram para um ambiente mais saudável e colaborativo, demonstrando o impacto positivo das reflexões sobre o livro na construção de relacionamentos significativos.

Em suma, as reflexões sobre o livro "O Poder do Silêncio: Apenas ouça a voz do seu coração" revelam não apenas o impacto pessoal, mas também a relevância social da obra, destacando a transformação individual e a influência positiva na comunidade. As mudanças de perspectiva, a aplicação prática dos ensinamentos, a disseminação de valores e o fortalecimento de vínculos interpessoais são aspectos que evidenciam a profundidade e a abrangência do impacto deste livro.

Capítulo 20
Considerações do Autor
Inspiração e Propósito

A motivação para escrever este livro surgiu de minhas experiências pessoais, das reflexões profundas que tive ao longo da vida e das transformações que pude observar em mim mesmo. A busca pelo silêncio interior e pela conexão com o eu mais profundo sempre foi uma jornada significativa para mim, e senti a necessidade de compartilhar essa jornada com os leitores, na esperança de que eles também possam encontrar inspiração e orientação.

Motivação para Escrever

Minha motivação para escrever este livro veio da minha própria busca por paz interior e autenticidade. Ao longo dos anos, enfrentei desafios pessoais e busquei respostas para questões profundas sobre a vida e o propósito. Essas experiências me levaram a explorar o poder do silêncio e a importância de ouvir a voz do coração.

Espero que, ao compartilhar minhas experiências e aprendizados, eu possa oferecer uma luz para aqueles que estão em busca de autoconhecimento e tranquilidade interior.

Objetivos do Livro

O principal objetivo deste livro é inspirar os leitores a explorar o poder do silêncio em suas próprias vidas. Quero encorajar a reflexão, a prática da atenção plena e a busca por relacionamentos autênticos e significativos. Além disso, desejo oferecer ferramentas e insights que possam auxiliar no desenvolvimento pessoal e no cultivo de uma vida mais consciente e equilibrada.

Minha mensagem para os leitores é de esperança e encorajamento. Acredito que cada um de nós tem a capacidade de encontrar paz interior e viver de acordo com nossos valores mais profundos. Este livro é um convite para essa jornada de autodescoberta e crescimento pessoal.

Fatos e Estatísticas Rápidos

Inspiração e Propósito

Objetivos do Livro

O principal objetivo deste livro é inspirar os leitores a explorar o poder do silêncio em suas próprias vidas. Quero encorajar a reflexão, a prática da atenção plena e a busca por relacionamentos autênticos e significativos. Além disso, desejo oferecer ferramentas e insights que possam auxiliar no desenvolvimento pessoal e no cultivo de uma vida mais consciente e equilibrada.

Minha mensagem para os leitores é de esperança e encorajamento. Acredito que cada um de nós tem a capacidade de encontrar paz interior e viver de acordo com nossos valores mais profundos. Este livro é um convite para essa jornada de autodescoberta e crescimento pessoal.

Gratidão e Reconhecimento

Expresso minha profunda gratidão a todas as pessoas que contribuíram para a realização deste livro. Suas contribuições foram fundamentais para a concretização deste projeto, e sou imensamente grato por todo apoio e incentivo que recebi ao longo do caminho.

Agradecimentos Especiais

Gostaria de agradecer especialmente à minha família, que sempre me apoiou e incentivou a seguir em frente, mesmo nos momentos mais desafiadores. Agradeço também aos amigos e colegas que compartilharam suas experiências e sabedoria, enriquecendo o conteúdo deste livro com diferentes perspectivas e insights valiosos.

Impacto Desejado

Meu maior desejo é que este livro possa impactar positivamente a vida dos leitores, oferecendo inspiração, orientação e, acima de tudo, a esperança de uma vida mais plena e significativa. Espero que os leitores encontrem neste livro um guia para a busca do silêncio interior e para a valorização da voz do coração em suas jornadas pessoais.

Capítulo 21
Conclusão e Agradecimentos
Sumarização dos Tópicos

Ao longo deste livro, exploramos diversos aspectos do poder do silêncio e da importância de ouvir a voz do nosso coração. Aprendemos a valorizar as pequenas coisas, cultivar relacionamentos significativos, compreender a natureza das opiniões, praticar o autoconhecimento, viver o momento presente, valorizar a própria opinião, buscar a sabedoria, exigir o melhor de si mesmo, viver os valores da filosofia, e focar no que realmente importa. Cada tópico foi abordado com a intenção de promover reflexão e crescimento pessoal, incentivando os leitores a encontrar a tranquilidade e a paz interior.

Principais Ensinamentos

Os principais ensinamentos deste livro giram em torno da importância de cultivar a paz interior, desenvolver a autoconfiança, praticar a autenticidade, buscar o autoconhecimento, viver com propósito e valorizar as relações interpessoais. Através da reflexão e da prática das lições apresentadas, os leitores são encorajados a encontrar equilíbrio e harmonia em suas vidas, independentemente dos desafios que possam enfrentar.

Destaque das Reflexões

Destacamos a importância de praticar a atenção plena, desenvolver a autoestima, respeitar a diversidade, buscar o crescimento pessoal, viver com ética e moralidade, e acreditar nos próprios sonhos. Cada reflexão apresentada visa inspirar os leitores a viverem de acordo com seus valores mais profundos, encontrando significado e satisfação em suas jornadas individuais.

Pense e Reflita
Conclusão e Agradecimentos
Sumarização dos Tópicos
Destaque das Reflexões
Destacamos a importância de praticar a atenção plena, desenvolver a autoestima, respeitar a diversidade, buscar o crescimento pessoal, viver com ética e moralidade, e acreditar nos próprios sonhos. Cada reflexão apresentada visa inspirar os leitores a viverem de acordo com seus valores mais profundos, encontrando significado e satisfação em suas jornadas individuais.

Reconhecimento Especial
Gostaríamos de expressar nossa profunda gratidão aos colaboradores e apoiadores que tornaram este livro possível. Seus esforços e contribuições foram fundamentais para a criação deste trabalho significativo.

Colaboradores Importantes
Agradecemos a todos os colaboradores que dedicaram seu tempo, conhecimento e energia para enriquecer este livro com suas perspectivas e experiências. Cada um de vocês desempenhou um papel vital na concepção e desenvolvimento deste projeto, e somos imensamente gratos por sua colaboração.

Agradecimento Sincero
Aos nossos leitores, queremos expressar um sincero agradecimento por embarcarem nesta jornada conosco. Esperamos que as lições compartilhadas neste livro tenham sido fonte de inspiração e transformação em suas vidas. Seus esforços em busca do autoconhecimento e do crescimento pessoal são verdadeiramente admiráveis, e desejamos a todos vocês paz, felicidade e realização em suas jornadas.

Capítulo 22
Mensagem Final
Despedida e Reflexão

Caro leitor,

Chegamos ao fim desta jornada de reflexão e autoconhecimento. Ao encerrar este livro, quero expressar minha profunda gratidão por ter compartilhado essa experiência com você. Cada página escrita foi uma oportunidade de crescimento e aprendizado mútuo.

Encerramento do Livro

Ao encerrar este livro, quero reforçar a importância de valorizarmos cada momento de silêncio e contemplação em nossas vidas. O silêncio nos permite ouvir a voz do nosso coração, nos conecta com nossa essência e nos guia para a sabedoria interior.

Agradecimento aos Leitores

Agradeço a você, caro leitor, por dedicar seu tempo e energia a absorver as mensagens e lições compartilhadas nestas páginas. Sua busca por crescimento pessoal e autoconhecimento é inspiradora e fundamental para a construção de um mundo mais consciente e compassivo.

Convite à Contemplação

Ao encerrar esta jornada, convido você a reservar um momento para a reflexão pessoal. Permita-se absorver as ideias e insights apresentados, e leve consigo aquilo que ressoar em seu coração. A contemplação silenciosa pode ser um poderoso catalisador para a transformação interior.

Você Sabia?

O silêncio pode ser uma ferramenta poderosa para a autorreflexão e transformação interior. Ao reservar um momento para a contemplação silenciosa, você permite que as ideias e insights apresentados sejam absorvidos de forma mais profunda, possibilitando uma conexão mais íntima com a voz do seu coração.

Mensagem Final

Despedida e Reflexão

Convite à Contemplação

Ao encerrar esta jornada, convido você a reservar um momento para a reflexão pessoal. Permita-se absorver as ideias e insights apresentados, e leve consigo aquilo que ressoar em seu coração. A contemplação silenciosa pode ser um poderoso catalisador para a transformação interior.

Continuidade do Aprendizado

O aprendizado não termina com o fechamento deste livro. A aplicação prática dos ensinamentos e a busca contínua pela sabedoria são elementos essenciais para a evolução pessoal e o florescimento do espírito.

Aplicação na Vida Diária

Integrar os ensinamentos deste livro em sua vida diária pode ser um processo gradual e transformador. Ao praticar a atenção plena, a autocompaixão e a busca por relacionamentos significativos, você estará pavimentando o caminho para uma existência mais plena e significativa.

Integração dos Ensinamentos

Busque oportunidades para aplicar as lições aprendidas em situações cotidianas. Seja consciente em suas interações, pratique a empatia e a compaixão, e esteja aberto ao crescimento pessoal em cada desafio que enfrentar.

Busca pela Sabedoria

A busca pela sabedoria é uma jornada sem fim, repleta de descobertas e insights. Mantenha-se aberto ao aprendizado, explore novos horizontes e esteja disposto a questionar e reavaliar suas crenças e valores. A sabedoria é uma dádiva que se renova a cada instante de autodescoberta.

Caminho para o Autoconhecimento

O autoconhecimento é a chave mestra para desvendar os mistérios da existência e encontrar significado em cada experiência. Ao buscar a sabedoria interior, você estará trilhando um caminho de autenticidade, compaixão e plenitude.

Biografia

Chamo-me Emerson Calejon, sou formado em Administração de Empresas, realizo pesquisas e sou autodidata em filosofia clássica e contemporânea. Sou estudante da espiritualidade e ciências humanas, possuo pós-graduação em psicologia existencial e psicanálise e tenho grande apreço pela escrita.

Publiquei um livro intitulado "Um olhar de misericórdia" voltado para a espiritualidade. Atualmente, estou lançando a história de "John River — O último desafio".

O que mais me traz felicidade é saber que sempre teremos novos desafios para enfrentarmos e continuarmos avançando em direção ao nosso progresso.

Agradeço!

"Ainda que eu falasse a língua dos Anjos e dos Homens, sem Amor, eu nada seria."

"Que Deus esteja com Todos."

Editora Home
2024

Don't miss out!

Visit the website below and you can sign up to receive emails whenever Emerson Calejon publishes a new book. There's no charge and no obligation.

https://books2read.com/r/B-A-MZIIB-TURND

Also by Emerson Calejon

A jornada de Allan Karras
A Serenidade Interior
Do outro lado das Estrelas
John River: O último desafio
Luzes e Ensinos do Plano Astral
Mensagens que Auxiliam
O Caminho
Paixões na Madrugada
Palavras que Confortam
Palavras que Libertam
Reflexões de uma Jornada
Além das Estrelas
O Declínio da Coragem
Uma História de Vida
A Gota de Chuva
O Homem frente ao Ego
O Menino e o Maestro
Perguntas e Respostas sobre a vida Espiritual
Aprendendo com a Vida
50 Tons de Pensamentos
Gume de dois Lados
John River: o início da missão
Arte de Viver
O Jardim de Dulcineia
Para onde tenha Sol

Um olhar além das Estrelas
Em uma Noite Fria
Lembranças de uma Noite de Réveillon
Amizade Colorida
A Casa da Rua Caravelas
A Luz da Esperança
Efeito Bipolar
Pantera
Déficit de Atenção e Hiperatividade
A Depressão na Visão Espírita
Um Olhar de Misericórdia
Consciência Cósmica Superior
Realizando Sonhos
A Sabedoria do Espírito
Mestre Supremo
O Nosso Perispírito
O Majestoso Tempo
O Poder do Silêncio